Christl Gelhausen

Die Kunst, eine Freundin zu sein

Christl Gelhausen

Die Kunst, eine Freundin zu sein

johannis

Bibliografische Information der Deutschen Nationalbibliothek
Die Deutsche Nationalbibliothek verzeichnet diese Publikation in der Deutschen Nationalbibliografie; detaillierte bibliografische Daten sind im Internet über http://dnb.d-nb.de abrufbar.

ISBN 9788-3-501-05271-6

Bestell-Nr. 05271

Umschlaggestaltung: Friedbert Baumann
Umschlagfoto: R. Blesch
Gesamtherstellung:
St.-Johannis-Druckerei, Lahr/Schwarzwald
Printed in Germany 16908 /2008

Inhalt

Vorwort

Ich weiß dir Dank dafür, dass du mich so hinnimmst, wie ich bin. Was habe ich mit einem Freund zu tun, der mich wertet? Wenn ich einen Hinkenden zu Tisch lade, bitte ich ihn, sich zu setzen, und verlange nicht von ihm, dass er tanze. Antoine de Saint-Exupéry

Kennen Sie den Traum von der besten Freundin? Eine Freundin für mich allein – eine, die mir zuhört – die für mich da ist – die mich in meinen Nöten versteht – die meine Schattenseiten ignoriert – eben: die beste Freundin!

Ich war in meinem Leben immer auf der Suche nach *dem* Freund oder *der* Freundin. Und immer wieder erlebte ich Enttäuschungen.

So war es denn auch in der Pubertät für mich etwas Beglückendes, von meiner Freundin diesen Vers zu erhalten:

Du bist min, ich bin din;
des sollt du gewis sin,
du bist beslozzen
in minem herzen;
verlorn ist das slüzzelin;
du muost immer drinne sin.
unbekannter Verfasser 12. Jh.

Das war scheinbar die Erfüllung meiner Wunschträume. Umso enttäuschter war ich, als die Freundschaft versandete. Aus den Augen, aus dem Sinn. Der »Schlüssel« wurde gefunden und damit war die »süße Gefangenschaft« beendet.

Welche Erfahrungen haben *Sie* mit Freundschaften gemacht?

In der Seelsorge – nicht nur in meinem eigenen Leben – begegne ich immer wieder der Frage nach echten Freundschaften. Wie viel Nöte gibt es in diesem Bereich. Das Thema »Freundschaft« wurde auch für mich ein Lebensthema.

Ich möchte mit diesem Buch helfen, unsere Freundschaften zu entkrampfen. Gott hat uns aus Liebe geschaffen und uns zum Lieben befähigt. Wie können wir das in die Tat umsetzen?

Gott hat uns so geschaffen, dass wir uns als Gemeinschaftswesen nach Freundschaften sehnen. Die Lebensbezogenheit der Bibel eröffnet uns neue Perspektiven dafür. Die Verhaltenstherapeuten haben der Schöpfung abgelauscht, dass Veränderung immer zuerst bei uns selbst beginnt. Lassen Sie uns miteinander einen neuen Weg beschreiten.

1. Warum ist den Menschen Freundschaft so wichtig?

Vor mir sitzt eine junge Frau und bittet um Hilfe: »Ich sehne mich nach echten Freunden und gebe mir viel Mühe, um Menschen für mich zu gewinnen. Aber sie lassen sich nur von mir bedienen und kümmern sich nicht um mich. Ich scheine ihnen egal zu sein und mich macht das so unglücklich. Ich brauche eine richtige Freundin!«

Immer wieder höre ich diese Klage – von jungen und von alten Menschen. Was verbirgt sich hinter dieser Klage? Welche Erwartungen oder Sehnsüchte treiben uns um? Was haben wir bereits mit Freunden erlebt?

Der Publizist Pross behauptet, Freundschaft brauchen wir zur Selbsterhaltung. Er macht sich Gedanken über eine spezielle Angst unserer Zeit: Es herrscht die Furcht, meint er, dass wenige die Macht haben, um mit einem Knopfdruck viele Menschen zu vernichten.

Er sieht darin eine Missachtung der menschlichen Würde und glaubt, dass der Mensch dem zu begegnen versucht, indem er Freunde sucht. So stellt er fest: »In dieser Welt ständig drohender Gewalt, der sich niemand entziehen kann, gibt Freundschaft Energie und Zartheit zugleich, weil Freunde und Freundinnen fühlen, wie es dem anderen ums Herz ist, und was er/sie in diesem Moment braucht: Zuspruch oder Zuhören, Berührung oder Zurückhaltung, Vordenken oder Nachdenken, Rollenspiel oder Pause, Sich-Einmischen oder Sich-Heraushalten, Rat oder Tat – in jedem Falle gesteigerte Aufmerksamkeit um *seiner selbst willen.*« Pross beschreibt hier, wozu wir geschaffen sind: zum Miteinander und nicht zum Alleinsein. Wenn wir gegenseitig herausfinden, was wir brauchen und was wir einander als gute Freundinnen geben können, dann schaffen wir einen »Raum« auf dieser Erde, wo sich »Energie« und »Zartheit« entfalten können. Eine junge Frau hat das so formuliert:

Was ist das – Freundschaft?
Jemand hat mich angesprochen und nicht an mir vorbei
Jemand hat sich mit mir eingelassen
Jemand hat mir zugehört und nicht auf die Uhr gesehen
Jemand hat mich nicht sitzengelassen
Jemand hat mich getröstet
Jemand hat meine Gaben entdeckt
Jemand hat mich ermutigt
Jemand hat mit mir geweint und gelacht
»Jemand« – das bist du für mich
Ich danke dir

Der Theologe Alan Redpath sieht in dem Wunsch nach echter Freundschaft ein menschliches Grundbedürfnis. Er befasst sich mit dem Ursprung der menschlichen Sehnsucht nach einem Freund und findet eine Antwort in der Bibel: Die Schöpfungsgeschichte berichtet uns davon, dass der Mensch als Gemeinschaftswesen geschaffen wurde. Aber in seinem Streben nach Unabhängigkeit konnte der Mensch der Versuchung, sein zu können wie Gott, nicht widerstehen. Die Schlange hatte Eva ins Gewissen geredet. »Wenn du von der verbotenen Frucht isst, bist du Gott gleich.« Das war zu verlockend. So kam es zur Trennung von Gott. Und gleichzeitig gab es die ersten zwischenmenschlichen Konflikte: Einer gab dem anderen die Schuld an der Trennung!

Die Trennung hat die Beziehung zwischen Gott und den Menschen zerstört und das hat auch negative Auswirkungen auf unsere Beziehung untereinander. Gott hatte es anders gewollt und zurück blieb die Sehnsucht nach einer geheiligten Einheit. Die Erinnerung an das verlorene Paradies ist geblieben – in der Sehnsucht nach Liebe und Anerkennung. Diese Sehnsucht entdecke ich auch in dem Wunsch: Ich brauche eine Freundin! Das fängt im Kindergartenalter an und reicht bis ins 9. oder 10. Lebensjahrzehnt. Freundschaften fangen mit Begegnungen an und meist ahnt man es nicht, dass daraus einmal eine Freundschaft wird.

Ich muss mich schon als Kind sehr nach Freunden gesehnt haben – denn mein Leben ist bis jetzt von dem Thema Freunde durchzogen. Meine früheste Erinnerung geht zu meiner fünf Jahre älteren Schwester – wahrscheinlich meine erste Freundin! Wenn sie mich mitnahm, war ich selig. Aber oft war ich ihr eben auch einfach lästig – die kleine Schwester, auf die sie aufpassen musste. Und es war ihr auch peinlich. Wir trugen nach dem Krieg gestrickte Unterhosen, die nicht nur kratzten, sondern dank des schlechten Gummibandes und meiner Ungeschicklichkeit rutschten. Wenn sie zischte: »Christl, zieh die Hose hoch!«, wusste ich, was die Stunde geschlagen hatte, und mein verzweifeltes: »Helga, die Hose rutscht – ich kann das nicht alleine«, bedeutete meist: »Geh nach Hause!« Mit ca. 60 Jahren haben wir diese Situation unserer Familie in einem Sketch vorgespielt und ich fühlte das Rutschen der Hose von damals. Es war eben auch meine erste Erfahrung mit einer Freundin: Du bist nicht immer willkommen! Du wirst auch einmal weggeschickt, weil du ihr im Wege stehst. Wie viele erleben das, wenn sich z. B. das Interesse auf das andere Geschlecht verlagert und das Interesse an der Freundin zurücktritt.

Aber mein Bedürfnis nach einem Menschen ganz für mich wurde sehr bald von einem Schulkameraden erfüllt. Wir besuchten zusammen die 1. Klasse. Er war unendlich treu. Jeden Morgen stand er vor unserer Haustür und wartete auf mich. Mein erster Freund – ein richtiger Wegbegleiter. Ich fühlte mich sicher an seiner Seite. Es war Nachkriegszeit und orientierungslose Menschen – wir nannten sie »Mitschnacker« – trieben sich in unseren Straßen herum. Da war es gut, »männlichen Beistand« zu haben. Er war ein Freund, mit dem man auch einmal etwas Ausgefallenes tun konnte: Wir wollten die Welt kennenlernen. Nach dem Motto »Gemeinsam sind wir stark«, beschlossen wir, die Schule doch einmal durch den Hinterausgang zu verlassen und zu schauen, wie es dort aussieht. Es war interessant – so ganz anders und auf einmal wurde es immer fremder und schließlich hatten wir uns hoffnungslos verlaufen. Eine Großstadt ist wirklich groß und wir brauchten lange Umwege und fremde Hilfe, bis wir mit Stunden Verspätung »fröhlich« von der Schule heimkamen. Das, was uns daheim erwartete, standen wir tapfer durch und beschlossen, wie richtige Freunde immer miteinander durch dick und dünn zu gehen. Das war's denn auch. Es wurde sehr dünn – wir verloren uns aus den Augen.

Es war ein langer Weg, bis ich in meinem Leben erfahren durfte, dass Freundschaften vorübergehend Oasen sein können, die unser Leben bereichern. Vielleicht müssen wir erst sehr viele Facetten kennenlernen, um das Besondere einer Freundschaft zu erfassen und zu genießen?

Bei mir war mit dem Eintritt in die weiterführende Schule erst einmal eine andere Erfahrung auf dem Plan. Ich hatte eine Freundin gefunden und war glücklich! Aber, oh Schreck, sie brachte bereits eine mit und nun ging das Gerangel los. Wer kennt das nicht aus Dreierbeziehungen – einer ist immer irgendwie übrig. Es bedarf schon einer hohen Kunst, solche Freundschaften erfüllend zu führen. Ich erinnere mich, dass ich die ganze Leiter der Empfindlichkeiten durchmachte. Wenn meine Freundin keine Zeit für mich hatte, weil sie sich mit der anderen traf, dann fühlte ich mich wie damals: »Deine Hose rutscht, geh nach Hause!« Andererseits kann ich mich nicht erinnern, dass ich große Lust hatte, die andere mit einzuladen, wenn wir beiden endlich allein etwas unternehmen konnten. Ich war ganz erschrocken, als ich neulich das gleiche Verhalten bei 90-Jährigen entdeckte. Beleidigt sein, wenn die Freundin was anderes vorhat, aber den Dritten nicht einbeziehen, wenn man selbst mit ihr Spaß hat. »Hätten die mich nicht mitnehmen können?«

Warum ist uns Freundschaft so wichtig?

Unser schöpfungsgemäßes Grundbedürfnis nach Liebe und Anerkennung ist sicher die innere Motivation für Freundschaft – unsere *Veranlagung*. Außerdem weist uns unser *Umfeld* immer wieder auf die Wichtigkeit von Freundschaften hin. Es ist das Thema vieler Kinderbücher und hat damit einen prägenden Einfluss auf uns. In meinem Bücherschatz befindet sich ein ca. 100 Jahre altes Kinderbuch mit dem Titel: »Gute Freundschaft«. Es hat den Untertitel: »Eine Geschichte für Damen, aber für kleine!«

Es hat mich durch meine Kindheit begleitet – wie ein »Weisheitsbuch«! 24 eindrucksvolle Holzschnittbilder und wenig Worte charakterisieren die gute Freundschaft:

Freudige Erwartung – genießendes Miteinander – Rücksichtnahme – gegenseitige Bewunderung – Streit und Trennung – Verdrängen des Trennungsschmerzes – erneute Sehnsucht nach der Freundin – Neuanfang und freudiges Miteinander!

Auch »große« Damen könnten daraus lernen. Wenig Worte treffen manchmal das Wesentliche besser als viele.

Helme Heine hat es für die heutigen Kinder

so ausgedrückt: Sein Buch heißt: »Freunde«. Hier überbringen die Tiere wichtige Aussagen über Freunde. Drei sehr unterschiedliche Freunde haben sich gefunden: der Hahn, die Maus und das Schwein. Unvorstellbar – allein von ihrer äußeren Erscheinung! – und doch Freunde. Und dann liest man die Aussagen, die die Kinder so gern glauben. Vielleicht trifft es auch unsere innersten Wünsche?

– richtige Freunde helfen einander
– sie beschließen immer alles zusammen
– sie schwören ewige Freundschaft
– richtige Freunde träumen voneinander

Im Laufe unseres Lebens bekommt das Thema »Freundschaft« einen besonderen Stellenwert. Nicht nur unsere eigenen Erfahrungen, sondern auch Romane, Biografien, Erzählungen, Beobachtungen in der Gesellschaft vermitteln uns: Freundschaft ist wichtig.

Es gibt kaum ein beglückenderes Gefühl, als zu spüren, dass man für andere Menschen etwas sein kann. (Dietrich Bonhoeffer)

2. Was ist eine Freundin?

Eine junge Frau lebt mit einem verheirateten Freund zusammen und nennt ihn »mein Bekannter«! Auf das Erstaunen ihres Gegenübers reagiert sie mit Achselzucken und meint: »Freundschaft ist viel verbindlicher – dies ist nur eine Bekanntschaft!«

Da hält ein Parteimitglied eine Rede und beginnt seine Ansprache mit: »Liebe Freunde!«

Im Publikum sitzt mancher, der dabei denkt: »Nimm den Mund nicht so voll, dein Freund bin ich noch lange nicht!«

In der Bibel hören wir auch von Freunden. In tiefster Not sagt Hiob: *»... meine Freunde verspotten mich.«* (16,20) Sind Sie schon einmal verspottet worden? Kennen Sie diesen Schmerz?

Ich hatte mich mit einer Kollegin angefreundet. Sie begab sich dann auf Wege, die nicht gut waren. Wir hatten viele Gespräche miteinander – ich versuchte sie zurückzuhalten. Aber sie verstrickte sich immer mehr. Ein

Missverständnis ließ sie annehmen, ich habe sie verraten. Nach ihrer Gerichtsverhandlung rannte sie mir in der Fußgängerzone entgegen und bespuckte mich in aller Öffentlichkeit. Die Tat und ihr Blick dabei haben mich lange belastet.

Als Jesus gefangengenommen wurde, heißt es: *Da verließen ihn alle Jünger und flohen.* (Matthäus 26,56) Waren denn die Jünger nicht die Freunde von Jesus?

Wie oft erleben es Menschen, dass in Notsituationen ihre Freunde nicht zu ihnen halten. Ist dann nicht die Frage berechtigt: Was ist ein echter Freund?

In meinen vielen Gesprächen über Freundschaft bin ich immer mehr zu der Erkenntnis gekommen, dass es für viele von uns ein »heißes« Thema ist. Oft wird deutlich, dass wir von sehr unterschiedlichen Positionen diesen wichtigen Teil unseres Lebens betrachten.

Die Gedanken des Psychologen Reisman haben mir neue Perspektiven aufgezeigt. Er beschreibt in seinem Buch *Freunde bereichern das Leben* drei Arten von Freundschaften. Dabei zerpflückt er nicht den Begriff Freund/in in echte oder unechte, in richtige oder falsche, sondern unterscheidet verschiedene Arten freundschaftlicher Beziehungen:

1. gegenseitige
2. einseitige
3. zweckgebundene

zu 1. reziproke (gegenseitige) Freundschaft

Er versteht darunter ein Band gegenseitiger Zuneigung, Treue und Bewunderung. Eine Beziehung, in welcher ein jeder dem anderen gibt und von ihm nimmt, in welcher man sich gegenseitig liebt und achtet. Auf einer Basis von Zuneigung und Achtung empfinden sich diese Freunde als gleichwertig. Diese Art von Freundschaft wünschen sich die meisten Menschen! Sie beinhaltet gegenseitige Zuneigung und Treue. Schiller spricht in seinem Gedicht »Die Freundschaft« davon:

Glücklich! glücklich! dich hab ich gefunden,
Hab aus Millionen dich umwunden,
Und aus Millionen mein bist du –
Lass das Chaos diese Welt umrütteln,
Durcheinander die Atome schütteln;
Ewig fliehn sich unsere Herzen zu.

zu 2. rezeptive (einseitige) Freundschaft

Eine Freundschaft auf unterschiedlichen Ebenen. Der eine gibt nur und der andere nimmt nur. Und dennoch können beide Freunde aus dieser Beziehung einen Gewinn ziehen. Denn der Gebende erhält auch etwas: Befriedigung im Geben und Helfenkönnen. Beide sind sich aber ihrer über- bzw. untergeordneten Position bewusst. Das ist eine einseitige Freundschaft. Einer gibt Zuneigung und Treue, aber es wird nicht in entsprechendem Maße erwidert. Diese Freundschaften können wir in den verschiedensten Lebensbereichen finden: Schule, Berufsausbildung, sportlichen und geistlichen Gemeinschaften.

In der Bibel entdecken wir so eine Freundschaft zwischen Jonathan und David. Jonathan war für David stets der Gebende. Er gefährdete sich selbst ständig für seinen Freund und gelobt, ihm treu zu dienen, falls David König würde. Jonathan war als Prinz der Ranghöhere und David war der Hirtenjunge. Aber Gott hatte David zum künftigen König auserwählt und Jonathan war bereit für diese einseitige Freundschaft.

zu 3. assoziative (zweckgebundene) Freundschaft

Dies sind die häufigsten freundschaftlichen Beziehungen. Man ist aus einem bestimmten Zweck zusammengekommen und erfüllt eine Aufgabe zusammen. Freundschaften mit sehr geringer oder keiner gegenseitigen Zuneigung und Treue. Ich denke diese Art ist uns sehr bekannt und ist die, die uns zu schaffen macht. Aber wir müssen unsere Begegnungen realistisch sehen. Es gibt Freundschaften, die aus einem bestimmten gemeinsamen Zweck entstanden sind:

- Badminton-Partner/Kegelschwestern
- Klassenkameraden, Kollegen, Nachbarn, Clubmitglieder und auch
- Gemeindemitglieder

Sie können sich natürlich in tiefere Freundschaften verändern. Sie können aber auch enden, wenn der gemeinsame Zweck nicht mehr besteht. Es wird eine Begegnung von Einstein erzählt, die dafür ein gutes Beispiel liefert: Albert Einstein wurde am Nachmittag oft von einem Mädchen aus der Nachbarschaft besucht. Die Mutter des Kindes entschuldigte sich eines Tages bei dem Nobelpreisträger wegen der Belästigung, wie sie meinte, aber der erwiderte freundlich: »Keine Ursache, wir verstehen uns ausgezeichnet. Ich schätze es, dass sie mir saure Drops mitbringt, und sie schätzt es, dass ich ihre Mathematikaufgaben mache.«

Diese Freundschaften sind es, die den Begriff »Freunde« verwirrt haben. Man meint immer zwischen echten und unechten unterscheiden zu müssen. Und man hat vielen Freunden aus solchen zweckgebundenen Freundschaften Untreue unterstellt.

Die gegenseitige Freundschaft wird als *die* Freundschaft angesehen und macht doch nur einen sehr geringen Teil der von Menschen üblicherweise erfahrenen Freundschaften aus. Manche Enttäuschung, manche Unzufriedenheit in Freundschaften hat hier ihre Wurzel.

Ich behaupte: *Es gibt keine echten oder unechten Freundschaften, sondern verschiedene, die alle wichtig und wertvoll sind. Ich kann also durchaus einige verschiedenartige Freundschaften pflegen.*

Wir müssen diese verschiedenen Arten berücksichtigen, sonst hat man hinsichtlich

Treue, Liebe, Großzügigkeit falsche Erwartungen. Bei uns liegt die Verantwortung zu unterscheiden, um welche Art von Freundschaft es sich handelt. So bewahren wir uns selbst und auch andere vor Ärger und Ent-Täuschung.

Die Sehnsucht nach nur gegenseitigen Freundschaften ist unrealistisch. Am häufigsten erleben wir die zweckgebundene Freundschaft. Sie ist befriedigend, weil das Gefühl des Akzeptiertseins guttut. Sie ist unbefriedigend, weil sie unverbindlich ist, kommt und geht und meist kein Gefühl der Treue, der Vertraulichkeit oder bleibender Zuneigung mit sich bringt. Unser Grundbedürfnis nach Nähe in der Gesellschaft wird jedoch durch Freundschaften befriedigt. Jede Art von Beziehung kann Einsamkeit mindern. Sie kann zu erhöhtem Selbstwert- und Statusgefühl beitragen. Aber unsere Freundschaften bleiben unvollkommen, weil auch wir unvollkommen sind. Mark Twain drückt das so aus:

Die geheiligte Passion der Freundschaft ist

von so wunderbarer, unerschütterlicher, treuer und ausdauernder Art, dass sie bis zum Tode währt, vorausgesetzt, dass man den Freund nicht anpumpt.

Eine Freundin ist ein Geschenk Gottes. Können Sie das auch so sehen? Wenn wir diese Haltung einnehmen, werden wir frei davon, die Freundin besitzen zu wollen. Wir sind alle Originale, die Gott aus Liebe geschaffen hat. Mit unseren Freunden kommt Farbe in unser Leben. Wir können uns an ihnen erfreuen. Allerdings ist es nicht gut, auf *einen* Menschen unser Freundschaftsleben aufzubauen und auch nicht auf einen *Menschen* allein, denn das hat sich Gott vorbehalten. Gott will unser Lebensfundament sein. Das Vertrauen in ihn soll uns tragen.

3. Wer bin ich? Bin ich liebenswert?

Auf die Klage »Keiner liebt mich!« stelle ich gern die Frage: »Lieben Sie sich denn selbst?« Und die Antwort kommt dann oft kleinlaut: »Nein, ich habe so viele Fehler – ich mag mich selbst nicht. Außerdem ist es doch wohl vermessen, sich selbst zu lieben – oder?«

Denken Sie auch so?

Ein Schriftgelehrter hatte Jesus nach dem höchsten Gebot gefragt und er bekam diese Antwort: *Gott lieben und den Nächsten wie dich selbst*! (Matthäus 22,36–39)

Die Reihenfolge ist wichtig: erst Gott und dann den Nächsten wie dich selbst lieben.

Das Geheimnis einer erfüllenden Freundschaft ist meine Beziehung zu Gott und zu mir selbst. Denn das ist der Schlüssel für viele Freundschaftsprobleme. Viele fragen »Wer liebt mich?« statt »Liebe ich mich eigentlich selbst?« Selbstliebe ist die Grundlage für ein gesundes Selbstwertgefühl. Viele haben gelernt, dass sich selbst lieben mit Egoismus gleichzusetzen ist. Weit gefehlt! Sie ist das totale Gegenteil von Selbstsucht oder gar Narzissmus. Der selbstsüchtige Mensch benutzt die Menschen, um sein Vakuum zu füllen. Das erkennen wir dort, wo Menschen einander klammern. Menschen, die kein Ja zu sich selbst haben, sind in Gefahr, den anderen zur Bestätigung ihrer selbst zu gebrauchen. Das kann dann dazu führen, dass die Freundin wie ein Blitzableiter für die schlechten Launen missbraucht wird. Manche stellen auch fest, dass sie von ihrer Freundin eigentlich nur als Klagemauer benutzt werden. Wer sich selbst im Wege steht, sieht die Freundin nicht und vergrault sie! Wenn uns die göttliche Mitte fehlt – der ruhende Pol –, kann uns unser Bedürfnis nach Geliebtwerden und Anerkennung in eine ungesunde Bindung an Menschen führen.

Wie kann ich ein Ja zu mir selbst finden – mich selbst lieben? Wer sich von Gott geliebt weiß, kann sich selbst lieben. Weil Gott mich liebt und wertvoll findet, bin ich wertvoll für andere und für mich selbst. Ich bin ein Original – nicht ersetzbar – allerdings unvollkommen und formbar. Bin ich bereit, meine Stärken und Schwächen zu sehen? Der andere sieht sie doch auch!

Wer Ehrlichkeit mit Freunden erfahren möchte, muss selber in hohem Maße transparent sein. Wer angenommen sein möchte, muss sich verletzbar machen und die Teile, die der Annahme bedürfen, offenlegen. Wer sich selbst bejaht und sich seiner Schwächen bewusst ist, strahlt Zufriedenheit aus. So können wir in dieser Haltung befreit den Menschen gegenübertreten und Freundschaften wagen.

Wie viele Menschen beklagen sich über die Unfreundlichkeit anderer, die ein Miteinander scheinbar unmöglich macht. Beginnt nicht eine besondere Begegnung mit nur einem Lächeln?

Ein Lächeln kostet nichts und bewirkt viel.
Es bereichert die, die es empfangen, ohne die ärmer zu machen, die es geben.

Es dauert nur einen Augenblick.
Aber die Erinnerung währt manchmal ewig.
Niemand ist reich genug, um es entbehren
zu können und niemand ist zu arm,
um es nicht geben zu können.

Verfasser unbekannt

Mein verstorbener Sohn hatte die besondere Gabe, Freundlichkeit zu verbreiten, besonders dort, wo man nicht wusste, dass er nur eine geringe Lebenschance hatte.

Wir fuhren einmal mit einem mürrisch dreinblickenden Arbeiter im Fahrstuhl. Mein kleiner Sohn schaute ihn so lange freundlich an, bis auch er lächelte und beim Aussteigen sagte: »Das hat noch keiner bei mir geschafft!«

Es lohnt sich, über sich selbst nachzudenken und Veränderungshilfen anzunehmen. Meine Haltung zu den Menschen und zu mir selbst spielt eine entscheidende Rolle im Freundschaftsprozess.

4. Hindernisse, Freundschaften genießen zu können

Jemand machte für sich die Feststellung: *Freundschaft hat keinen Platz in der Wegwerfgesellschaft!* Und fährt fort: Die Freundschaft »scheint in der Anonymität der *Industriegesellschaft* kaum einen Platz zu haben. *Mobilität, Leistungsdruck, Gewinnstreben* und der trotz wachsender Freizeit immer wieder beklagte *Zeitmangel*, oft nur eine unkontrollierte Zerstreuung von Energien, entfernen die Menschen von sich selbst. Innige Freundschaft, die der Pflege bedarf, der Anteilnahme und der Muße, erscheint fast als ein Anachronismus in unserer *Wegwerfgesellschaft.*«

Sehen Sie das auch so? Es gibt Menschen, die das widerlegen können und ich kenne viele davon. Dennoch denke ich, dass die eben zitierte Frau den Finger auf eine der Wunden unserer Zeit legt. Zeitmangel ist ein Feind für unsere Freundschaften – egal in welchem Alter.

Nehmen wir uns noch Zeit füreinander – zum Zuhören und Anteilnehmen? Oder sind uns unsere eigenen Belange über die Maßen wichtig?

Ich habe das selbst einmal in besonderer Weise erfahren können:

Es war in den Jahren, als mein Mann und ich mit unserem todkranken Sohn stark gefordert waren. Jeden Montag hatte ich meinen »freien« Nachmittag, den ich bei meiner Freundin verbrachte. Sie sorgte dafür, dass ihre Söhne beschäftigt waren und die Stunden ganz uns gehörten. Bei selbst gebackenem Kuchen und liebevoller Atmosphäre stellte sie sich völlig auf mich ein. Ich durfte reden, weinen und auch von meinen Ängsten über den bevorstehenden Tod des Kindes reden. Sie hörte zu. Heute weiß ich, dass sie eine unendliche Geduld mit mir hatte. Welch eine Freundin! Es gab kaum Antworten auf mein leidvolles Fragen, aber ihre Zuwendung und ihr Zuhörenkönnen war wie Salbe für meine offenen Wunden. Es waren Stunden, in denen ich neue Kraft schöpfte.

Wir müssen uns in der heutigen Zeit vermehrt Gedanken machen, welche Werte für unser Leben gelten sollen, damit wir nicht Mitglieder einer Wegwerfgesellschaft werden. Habe ich mich »von mir selbst entfernt«? Bin auch ich in der Wegwerfgesellschaft untergegangen? Das Bedürfnis nach Freundschaft ist da – aber bin ich auch bereit, nicht nur zu nehmen und bei Bedarf »wegzuwerfen«, sondern auch zu geben?

Jesus sagt in der Bibel: *Behandelt den Menschen so, wie ihr selbst behandelt werden wollt.* (Matthäus 7,12)

Manchmal haben wir vergessen, wie wir selbst behandelt werden wollen und was wir eigentlich für Bedürfnisse haben. Dann ist es an der Zeit, sich eine Auszeit zu nehmen und sich selbst und den Sinn des Lebens neu zu entdecken. Vielleicht kann dieses Buch einen

Beitrag dazu leisten, dass Freundschaft nicht ein »Anachronismus unserer Wegwerfgesellschaft« wird.

Es gibt aber auch das Gegenteil von Zeitmangel: Dass man sich mit einem zu großen Zeitaufwand um Freundschaft bemüht.

Eine verzweifelte, erschöpfte Frau A. saß vor mir. Sie strampelte sich ab für ihren Freundeskreis. Ihr ganzes Denken kreiste um die Frage, was sie ihren Freunden Gutes tun könnte. Gleichzeitig hatte sie ständig ein schlechtes Gewissen, nicht genug oder nicht schnell genug agiert zu haben. Als sie sich wieder einmal den Kopf zerbrach über die nächste Einladung und das dringende Telefonat, kam ihr der Gedanke: Keiner ruft mich an – keiner kümmert sich um mich – ich gehe leer aus – ich will das nicht mehr. Aber da meldete sich die »innere« Stimme: Ich muss es doch jedem recht machen. Welch eine Lebenslüge! Wir können es nicht jedem recht machen. Versteckt sich dahinter nicht wieder der Wunsch nach Anerkennung und Geliebtwerden? Das Buhlen um Anerkennung über den Weg der Verwöhnung und scheinbaren Selbstlosigkeit ist ein Hindernis in Beziehungen. Frau A. machte eine »Radikalkur«. Sieben Tage wollte sie niemand von sich aus anrufen. Welch eine Freude, als dann von einer Freundin der Anruf kam: »Ich wollte mich nach deinem Wohlergehen erkundigen!«

Freundschaft muss weit mehr als nur eine Lästerallianz sein (Hecht). Haben wir uns schon einmal gefragt, warum wir uns so wohlfühlen, wenn wir gemeinsam über andere herziehen? In einem Kreis von Frauen hieß es dazu: Das tut so gut. Man fühlt sich verstanden. Man ist sich einig. Es wirkt einfach entspannend. Wir vergessen aber oft dabei, dass wir dem anderen damit Negativbotschaften in die Ohren blasen, die es ihm erschweren, der betreffenden Person unvoreingenommen gegenüberzutreten. Es ist wahrlich nicht leicht, ein guter Mensch zu sein. Lästerallianz hat nichts mit einem Seelsorgegespräch zu tun. Hier entlasten wir uns auch, aber unser Gegenüber versucht, uns zu helfen, dass wir eine andere, barmherzige Sicht für unsere Mitmenschen bekommen. Danach sind wir entspannt, haben eine neue Perspektive und haben nicht diesen schalen Nachgeschmack einer erlebten Lästerallianz.

5. Die Beziehung zwischen Gott und den Menschen

In der Schöpfungsgeschichte lesen wir, dass Gott gesagt hat, dass es nicht gut sei, dass der Mensch allein sei. Darum wurde Eva geschaffen. Und damit war der Mensch eingebunden in eine Gemeinschaft – so hatte es Gott beschlossen. Der Mensch ist ein Gemeinschaftswesen. Nur mit dem Gegenüber können wir ganz Mensch sein. Wir sind auf besondere Weise »veredelt«, indem Gott uns mit Entscheidungsfreiheit ausgerüstet hat. Aber gerade diese Freiheit nutzten Adam und Eva aus, um sich gegen Gott zu entscheiden: Sie aßen von der verbotenen Frucht. Die Konsequenz war die Trennung von Gott: die Vertreibung aus dem Paradies! Mit diesem Abfall zerbrach die Beziehung zu Gott und in der Folge auch zum Nächsten und zu uns selbst. Seitdem ist der Mensch auf der Suche nach dem Verlorenen.

Die Sehnsucht nach Geborgenheit ist das Heimweh nach dem verlorenen Paradies. (Tournier)

Jeder Mensch kennt verschiedene Mangelzustände, auch der, der nicht daran glaubt, dass es ein Paradies gab: Mangel an Geborgenheit, Annahme, Frieden oder Glück. Alle Sehnsüchte nach Vollkommenheit, Liebe, Akzeptanz haben ihren Ursprung in unserer Urbeziehung zu Gott. Mit der Trennung von Gott wird uns auch von der ersten Angst des Menschen überhaupt berichtet. Als Gott Adam rief, antwortete er: Ich fürchtete mich. Mit der Trennung kam die Scham ins Leben der Menschen. Es blieb die Angst, dass entdeckt wird, wie wir wirklich sind: unsere Fehler, unsere Schwächen – eben unsere Unvollkommenheit. Die Psychologen studieren an uns das ganze Spektrum an Kompensationen, mit denen wir unsere wahre Natur verstecken wollen:

- Unnahbarkeit und Stolz schaffen eine Mauer zum Nächsten.

- Scheinbare Kompetenz versteckt die Scham, etwas nicht zu können.
- Überheblichkeit verdeckt den eigenen Mangel.
- Lüge verdeckt die Schuld, die nicht ans Licht kommen soll.

Aber alles das treibt uns tiefer in die Isolation von Gott und dem Nächsten, obwohl wir doch gerade als Gemeinschaftswesen geschaffen wurden.

Gott erbarmte sich über den losgesagten, isolierten Menschen. Mit Jesus schlug er eine Brücke über den Trennungsgraben zwischen ihm und uns. Wer an Jesus glaubt, dem gilt das Versöhnungsangebot des gerechten Gottes: Mit dem Kreuz ist unsere Schuld – die Trennung von Gott – aufgehoben. Somit ist die Strafe für Schuld geklärt. Jesus hat sie auf sich genommen und uns abgenommen. Aber wir quälen uns in unseren Beziehungen immer noch mit den Auswirkungen der Trennung und der Scham. Wir wollen immer noch verbergen, was uns nach unserer Meinung nicht liebenswert erscheint. Wenn der Mensch glauben kann, dass Gott ihm mit Jesus Christus vergibt, dann ist er schon auf einem guten Weg. Er muss keine Angst mehr vor Gottes Gericht haben. Er darf vor Gott sein, wie er ist. Aber dann geht es weiter auf dem Weg. Wir haben oft noch immer Angst, verdammt, verstoßen, verlacht zu werden und verbiegen uns darum vor den Menschen. Wir haben vor dem »Gericht des Menschen« Angst. So kann der Mensch oft nicht so sein, wie er wirklich ist.

Eigentlich bin ich ganz anders, nur komme ich so selten dazu. (Ödön von Horvath)

Ich glaube, dass die Bibel uns die besten Hinweise gibt, wie wir befreit von Zwängen mit uns selbst und unseren Nächsten umgehen können. Dann kann auch Freundschaft besser gelingen. Wir brauchen einander. Gott hat uns als Beziehungswesen geschaffen: Es ist nicht gut, dass der Mensch allein sei. (1. Mose 21,18) Aber wir sind nicht einander ausgeliefert und abhängig voneinander. Darum: Freunde sind nicht alles in unserem Leben. Enttäuschungen bleiben uns nicht erspart und auch wir enttäuschen unsere Freunde. Die Bibel berichtet von einem Mann, der tief enttäuscht wurde und sagt: Meine Freunde verspotten mich; unter Tränen blickt mein Auge zu Gott auf, dass er Recht verschaffe dem Mann bei Gott, dem Menschen vor seinem Freund. (Hiob 16,20ff) Hier ist einer, dessen Freunde versagt haben und der weiß, wer ihm noch viel mehr bedeutet als eine menschliche Freundschaft: Gott. So warnt denn auch Dr. Horie: »Das Suchen nach einem Menschen darf nicht zur Sucht werden, dass wir meinen, ohne einen anderen nicht leben zu können. Wer sich abhängig macht von einem anderen, der wird früher oder später enttäuscht werden. Denn auch der andere bleibt ein Mensch. Und Menschen versagen – wie wir. Sie machen Fehler – wie wir. Sie irren – wie wir. Sie werden enttäuschen – genau wie wir. Wir können nicht auf einen Menschen unser Leben bauen. Das wäre kein tragfähiges Fundament.«

Wo finden wir für uns und unsere Freundschaften ein tragfähiges Fundament? Ich glaube, dass wir Menschen von Gott als sein Gegenüber geschaffen wurden. Die Gottesbeziehung ist unser Fundament. Es zerbrach, als die ersten Menschen durch ihre Überheblichkeit von ihm getrennt wurden. Aber mit Jesus hat er uns eine Brücke zurück zur Gottesbeziehung gebaut. Da ist nun einer, der uns durch und durch versteht, uns annimmt, so wie wir sind, und der nur unser Bestes will. Denken Sie an den Traum der idealen Freundin! Ein Mensch kann das nicht leisten – aber Gott kann. In dieser göttlichen Mitte erkennen wir auch unsere Fehlerhaftigkeit und den tiefen Sinn der Vergebung – dem Herzstück des christlichen Glaubens. Wer kennt das nicht: Das Gute, das ich tun will, tue ich nicht, aber das Böse, das ich nicht tun will, tue ich. Wie belasten wir damit oft unsere Freundschaften! Wenn wir uns wieder Gott anvertrauen, stärkt er unser Gewissen, dass wir Gut und Böse besser unterscheiden können. Er gibt auch die Kraft zum Tun. Wir lernen von ihm Vergebung anzunehmen, selbst zu vergeben und neue Wege zu gehen. Gottes Liebe ist erhaben über alle unsere Unzulänglichkeiten. Er bietet uns ewige Freundschaft an – über den Tod hinaus.

6. Umfrage: Was bedeuten Freundinnen einander?

Ich habe sehr viel in meinem Leben über Freundschaften nachgedacht, gelesen und sie erlebt. Immer wieder wehrte ich mich gegen das »man müsste oder man sollte sich kümmern«, um viele Freunde nachweisen zu können. Ich wollte gern von Herzen kommende, wahre Freundschaften erleben und pflegen. Allerdings stieß ich an manche Begrenzung und zog mich enttäuscht zurück. Da ich sehr oft aus beruflichen Gründen meines Mannes umziehen musste, stand ich immer wieder vor der Herausforderung neuer Beziehungen. Ein ungewolltes »Übungsfeld«. So gibt es denn auch einige wertvolle Erfahrungen in meinem Leben, die mich zu neuen Erkenntnissen führten – über mich selbst und meine Freundinnen. Aber ich wollte für dieses Buch auch gern die Gedanken einiger Frauen und Mädchen hören, die ich bis jetzt auf meinem Weg kennengelernt habe. Was war da leichter, als eine kleine Umfrage zu starten mit der Bitte, drei Fragen zu beantworten? Hier ist das Ergebnis.

a) Was bedeutet mir eine gute Freundin?

»Ein Leben ohne Freundinnen kann ich mir nicht gut vorstellen. Ich denke, es ist blass und fad!« So schreibt mir meine temperamentvolle und vielseitig interessierte Freundin. Während des Krieges und danach wuchs sie hauptsächlich unter Frauen auf und meint: »Solch eine Frauenkindheit prägt natürlich.« Sie hat es erlebt, wie Frauen im Lebensvollzug Freude und Leid miteinander teilten und daran reiften. »Ich brauche Mitfreuer und Mitleider.« Sie äußert denn auch ganz offen ihre Bedürfnisse Freundinnen gegenüber: »Freu dich mit mir – es ist so traurig, sich allein zu freuen« oder »Ich muss mal eben bei dir Dampf ablassen!« Gleichzeitig erklärt sie: »Mein lieber Mann würde sagen: ›Hm!‹ oder ›Meine Güte, was machst du für ein Gedöns!‹

und das reicht mir nicht. Darum empfinde ich auch eine gute Freundin als eine Ergänzung meiner selbst.«

Auch meine 20 Jahre jüngere Freundin kommt zu dem Schluss: »Geteiltes Leid ist halbes Leid und geteilte Freude ist doppelte Freude.« So empfindet sie denn auch eine gute Freundin als ein großes Geschenk. Hier sei in der Begegnung der Ort, wo man echt sein darf und keine Angst haben muss, verurteilt zu werden.

Überhaupt war es allen Befragten wichtig, dass eine gute Freundin die Andersartigkeit der anderen akzeptiert und auch um die Stärken und Schwächen weiß. Man sei auch dann bereit, sich in Liebe korrigieren zu lassen und wird ermutigt zur Ehrlichkeit. Wie hilfreich ist es für unser Leben, wenn uns Freunde die Augen öffnen für unsere blinden Flecken.

Eine Freundin schrieb: »So eine Freundschaft bewegt die guten Eigenschaften in mir!« Wie oft werden gerade durch »ungute« Beziehungen die weniger guten Eigenschaften in uns hervorgelockt und gefördert! Ich denke da an die vielen Abhängigkeitsverhältnisse, die unser Leben an positiver Entfaltung hindern.

So wurde in diesen Antworten auch immer wieder betont, dass ich mit einer guten Freundin keinen Zwang erlebe, sondern Freiheit. Es ist allen wichtig, dass in dem Echtsein auch verankert ist, dass wir einander nicht klammern, sondern offen für andere Freundinnen sein können. »Eine Freundin sollte mir die Hand reichen, aber mich nicht fesseln und loslassen, wenn ich den Abstand brauche«, sagt eine 15-Jährige. Wie viel Kummer könnte in vielen Beziehungen erspart bleiben, wenn wir diesen Aspekt beachten würden! Es gibt nun einmal Menschen, die mehr die Nähe lieben oder mehr die Distanz und dennoch in Liebe miteinander verbunden sein können! Auch darin dürfte kein Zwang bestehen, alles einander erzählen zu müssen, sondern nur so, wie es ein echtes Bedürfnis ist. Eine junge Frau, die immer Schwierigkeiten in Beziehungen hat, kam einmal mit dieser Anklage zu mir. Eine vermeintlich beste Freundin hatte ihr ein Alltagsgeschehen nicht erzählt, aber bei anderen darüber gesprochen. Sie war total verzweifelt und enttäuscht von der Unaufrichtigkeit ihrer Freundin. Welch eine überzogene Erwartung! Dagegen wehren sich alle meine Befragten und das zu Recht.

Alle genießen die Vertrauenswürdigkeit einer guten Freundin. Die Gewissheit, dass keine Geheimnisse weitererzählt werden, schafft ein besonderes Gefühl der Geborgenheit. Ein junges Mädchen (15 Jahre alt), die starke Gemütschwankungen kennt, weiß bereits um den besonderen Wert einer Freundschaft: »Für mich bedeutet eine gute Freundin, jemand zu haben, mit der ich Spaß haben kann, aber auch, die mich auffängt, wenn es mir nicht so gut geht.«

Eine andere Freundin nahm meine Fragen mit in den Mädchenkreis (12–13-Jährige) ihrer Gemeinde. Das Beistehen in schwierigen Situationen ist für diese Mädchen wichtig. Man spürt in den Antworten dieser jungen Menschen, die mit vielen Ungereimtheiten konfrontiert werden, dass es für sie wichtig ist, gemeinsam stark zu sein. So betonen sie, dass die Werte einer guten Freundin wie Verschwiegenheit, lieb haben, Zeit füreinander haben viel wichtiger sind als das Äußere. Ein interessanter Aspekt, da wir doch wissen, wie wir uns gern von dem beeindrucken lassen, was vor Augen ist.

Eine junge Frau erlebt immer wieder Entfremdungen mit ihrer Freundin, weil es sie »nervt«, dass die andere stundenlang am Telefon von sich erzählt, aber nicht an ihrem Ergehen interessiert zu sein scheint.

Einige Anworten lauten darum:

»Sie nimmt an meinem Leben teil und ist da, wenn ich sie brauche.«

»Sie wendet sich mir zu, fragt nach und erzählt auch von sich.«

»Sie ist eine ehrliche Gesprächspartnerin, die zuhören kann.«

Wenn ihr doch einmal richtig hören wolltet! Denn damit könntet ihr mich wirklich trösten! (Hiob 21,2)

Eine junge Frau, 25 Jahre alt, verheiratet und sehr dynamisch, meint: »Ich bin kein Beste-Freundinnen-Typ, bin es nie gewesen. Trotzdem würde ich sagen, dass mir ›Freunde‹ wichtig sind, egal ob Männlein oder Weiblein. Freunde sind für mich Menschen, die ich mitten in der Nacht anrufen würde, wenn mir oder meiner Familie etwas Schlimmes passiert ist.«

Wenn ich die Anworten dieser kleinen Umfrage lese, wird deutlich, wie in allen Altersschichten viele ähnliche Erkenntnisse über eine gute Freundin erfahren wurden: Akzeptanz der Andersartigkeit, Vertrauen, Geborgenheit, Freiheit, Gemeinsamkeiten. Daraus resultiert auch ein gewisser Anspruch an mich selbst und mein Gegenüber. So meint denn auch meine Freundin, mit der mich eine 40 Jahre währende Freundschaft verbindet: »Wenn man eine hat , ist man reich.«

b) Was brauche ich, um eine gute Freundin zu sein?

Ich bin besonders durch meine Beratungsgespräche darauf gestoßen, dass eher dieser Gedanke in uns ist: »Ich brauche eine Freundin!«, als dass wir uns überlegen, was ich selbst dazu beitragen kann! Darum war ich sehr daran interessiert, was man sich über diesen entscheidenden Faktor einer Freundschaft für Gedanken macht.

Einen guten Freund zu haben, ist eine der größten Freuden im Leben; ein guter Freund zu sein, ist eine der edelsten und schwierigsten Aufgaben. (Volksmund)

Eine Freundin schrieb: »Die wichtigste Voraussetzung ist meine Bereitschaft, mich mit dem Leben meiner Freundin auseinanderzusetzen. Und dazu gehört, dass ich in unserer von Hektik getriebenen Zeit, für diese Freundschaft Zeit investiere.«

Bei den ehrlichen Antworten zu dieser Frage wird deutlich, wie hier die verschiedenen Persönlichkeiten und ihre Erfahrungen mit hineinspielen. Da ist von Geduld die Rede sowie Verständnis, Einfühlungsvermögen, von der Notwendigkeit, meine eigenen Bedürfnisse eine Zeit lang zurückstellen zu können, keine übertriebenen Erwartungen an den anderen stellen, Toleranz pflegen und meine Empfindlichkeiten unter Kontrolle halten.

An dieser Stelle wird auch ein tieferer Wesenszug erwähnt, der für alle Beziehungen eine Schlüsselfunktion hat: Die Fähigkeit, die Freundin um Verzeihung zu bitten und auch ihr zu vergeben. Vergebungsbereitschaft in beide Richtungen ist wichtig, um damit auch die Voraussetzung für Nichtnachtragen zu schaffen. Ein großes Ziel – aber es lohnt sich! Es gibt ein Motto, das geradezu Gift für eine gute Freundin ist, nämlich »Wie du mir, so ich dir.« Damit werden alle »Liebesdienste« im Keime erstickt, da man dem anderen mit der Haltung begegnet: Schenkst du mir etwas, schenk ich dir etwas.

Wer die schädlichen Auswüchse von Abhängigkeiten beobachtet oder erlebt hat, weist gern darauf hin, dass man als gute Freundin daran arbeiten muss, sich selbst und die andere vor Vereinnahmung zu schützen. Die Eigenständigkeit spielt in einer guten Beziehung eine entscheidende Rolle.

Das »Bekenntnis« einiger Frauen zeigt deutlich, zu welchem Ergebnis Freundschaftserfahrungen auch führen können:

»Eine Freundin ist wie eine Blume, über die ich mich freue, aber sie ist nicht notwendig wie Wasser und Brot zum Leben. Ich sehne mich nach Vertrautheit – aber ich habe schnell Angst, dass es vom Leben her zu eng wird.«

»Ich glaube nicht, dass es einen Menschen gibt, dem ich mich auf allen drei Ebenen (Leib, Seele, Geist) verbunden fühle. Ich bin in meiner Ehe nie so verletzt worden wie in ›Freundinnenfreundschaften‹. Ich bin ein gebranntes Kind! Deswegen verzichte ich auf zu viel Nähe und suche ›Themenverwandtschaft‹.«

Es gibt so viele Gründe, weshalb Freundinnen einander beglücken, aber auch enttäuschen können. Einen Grund hat sicher diese junge Frau entdeckt: »Als gute Freundin muss ich aufrichtig und echt sein, teilen können und die andere auch mal die Nummer eins sein lassen.«

c) Schilderungen schöner Augenblicke oder besonderer Erlebnisse mit einer Freundin

Es ist wie das Stöbern in einer Schatzkiste, wenn man diese Kurzberichte liest:

»Meine beste Freundin besuchte mich im Krankenhaus nach der Entbindung meines ersten Kindes – einer gesunden Tochter – und beglückwünschte und bewunderte das Neugeborene. Dann sagt sie: ›Weißt du was? Ich bin auch schwanger und bekomme auch in diesem Jahr ein Baby!‹ Das festigt eine vorhandene Freundschaft und macht gemeinsam glücklich. (Man verteilte gegenseitige Patenschaften ...)«

Es hatten intensive, innige Gespräche stattgefunden und dann bekam eine Freundin diese Zeilen: »Danke für Deine Geduld, dass Du es mit mir aushältst, obwohl Du in meine ›Abgründe‹ hinabschaust. Ich habe seit langem wieder Hoffnung, dass es für meine Seele vielleicht doch einen Weg jenseits von Unterdrücken und Bagatellisieren gibt.– Jemand hat mal gesagt, dass es sich lohnt zu leben, wenn man für jemand wichtig ist. Für mich bist Du ein sehr wichtiger Mensch.«

Innerhalb weniger Wochen wurde ich mit der

Tatsache konfrontiert, Schwiegermutter zu werden. Ich hatte kaum Zeit, mich darauf einzustellen, geschweige denn, meinen Schwiegersohn richtig kennenzulernen. Was lag da näher, als mit der guten Freundin bewegende Gedanken auszutauschen. Sie nahm intensiv Anteil daran. Um den Hochzeitstermin herum machte meine Freundin zufällig in der Nähe Urlaub. Und dann stand sie plötzlich unter den Gästen, die sich zum Gottesdienst eingefunden hatten. Meine Freude war groß, weil sie diesen besonderen Augenblick mit mir teilen wollte.

Ich denke, das ist das Geheimnis von Freundschaften an sich: Wir werden beschenkt und beschenken den anderen, wenn wir uns darüber freuen. »Ich freue mich, wenn Freunde mich anrufen und wissen wollen, wie es mir geht. Genauso schön ist es, wenn ich bei alten Freunden anrufe, von denen ich lange nichts gehört habe, und sie sich über meinen Anruf freuen!«

»Als ich zur Untersuchung im Krankenhaus lag, teilte mir die behandelnde Ärztin mit, dass sich meine Zellen in Richtung Krebs verändert hätten. Die Bewertung ergab, dass der Zellenzustand jederzeit den Ausbruch einer Krebserkrankung zulassen würde. Ich war völlig geschockt und wusste nicht, was das für mich bedeutet. Die Ärztin hatte nicht mein Vertrauen, da sie mir auf eine ganz distanzierte, gefühllose Art diese Nachricht übermittelt hatte. Ich konnte aber eine Freundin anrufen. Sie erklärte erst einmal sehr sachlich, was los ist. Sie sprach mir Mut zu, tröstete mich und rief immer wieder an. Sie betete mit mir und machte mir Mut, mich mit meiner ganzen Not an Gott zu wenden und ihm zu vertrauen. Welch ein Trost war diese Freundin für mich!«

»Wir hatten uns 26 Jahre nicht gesehen und hatten vor 43 Jahren gemeinsam eine Klasse besucht. Nun sollte ein Klassentreffen stattfinden und sie suchte im Internet nach meiner Adresse. Unsere erste ›Begegnung‹ fand am Telefon statt – und das war schon etwas Bewegendes. Aber dann kam das Wiedersehen am Bahnhof. Der Zug fuhr ein – es war dunkel – wir konnten uns kaum wiedererkennen. Aber dann war da dieser unverkennbare Blick und mein Lachen (wie sie später meinte) – wir hatten uns gefunden. Diese neue, alte Freundschaft bringt ganz vergessene Saiten in mir zum Klingen. Ich genieße es und es gibt meinem Freundschaftsleben eine neue Farbe. Kann man sich vorstellen, wie zwei Freundinnen Ende 50 auf ihrem Wochenendgrundstück auf die Idee kommen, noch einmal ›Geschichtenball‹ zu spielen – wie damals? Wir nahmen den Ball des Enkels (!) und das Scheunentor diente uns als Hauswand von früher. Man wirft den Ball in unterschiedlicher Weise (was wir noch alles erinnerten!) gegen die Wand und erzählt dabei. Früher waren es Fantasien und heute waren es plötzlich unsere Familiengeschichten – traurige und fröhliche. Das alte Kinderspiel – unsere Vertrautheit – wurde zur beglückenden Brücke für unsere neue Freundschaft. Was haben wir gelacht und geweint!«

»Vor einiger Zeit setzte ich mich mit meiner Kindheitsgeschichte auseinander. Dabei kam mir eine Erinnerung hoch, die ich tief in mir vergraben hatte. Meine Eltern hatten versucht, mich abzutreiben. Mir liefen die Tränen in Strömen, als mir die Verletztheit wieder so spürbar wurde. Ich war erneut zutiefst getroffen. Ich rief meine Freundin an und erzählte ihr davon. Auch sie war geschockt und sprachlos und sagte mir ehrlich, dass sie erst einmal darüber nachdenken müsste. Keine zehn Minuten später rief sie wieder an. Sie sagte nicht viel, aber was sie mir sagte, war Balsam für mich: ›Gott muss dich sehr lieb haben, dass er dich bewahrt hat im Mutterleib und du gesund und munter unterwegs bist!‹ – Diese Worte trösteten mich. Sie halfen mir, Gottes Wirken in meinem Leben zu erkennen.«

7. Freundschaftsbeispiele

a) Neue Freundschaft im hohen Alter

Meine Mutter hatte sich immer vorgenommen, im Alter ins Seniorenheim zu gehen. Ihre frühe Witwenschaft und das Zusammenleben mit ihrer Mutter und uns drei Kindern hatte sie davor gewarnt, im Alter noch gebunden zu sein. Und nun war es so weit. Sie entschied sich mit fast 80 Jahren, in ein Seniorenheim zu ziehen. Und sie stellte sich noch einmal der Herausforderung, neue Freundschaften zu schließen.

So kann auch im 9. Lebensjahrzehnt Freundschaft ein wichtiges Thema sein. Das war und ist nicht immer einfach. Meine Mutter ist eine resolute, aber auch skeptische alte Dame. So schnell macht ihr keiner etwas vor! Natürlich bringen auch die anderen Bewohner ihre Lebenslasten und guten Weisheiten mit ins Haus. Das prallt manchmal heftig aufeinander und will bewältigt werden. Allerdings werden auch die besonderen »Zartheiten« jedes Einzelnen in die Begegnungen eingebracht. So fand meine Mutter eine Freundin, die neun Jahre älter ist und vom Naturell her ganz anders. Eine wunderbare Ergänzung. Frau K. nimmt das Leben leichter, glaubt lieber das Angenehmere und steigert sich nicht in negative Gedanken hinein. Beide lieben es, miteinander in eleganter Atmosphäre Kaffeetrinken zu gehen und sich gegenseitig beim Kartenspielen zum Lachen zu bringen. Da sie beide erwachsene Kinder haben und verwitwet sind, haben sie ein stillschweigendes Abkommen getroffen: Der Besuch der Kinder hat Vorrang und der andere ist nicht beleidigt, wenn der gemeinsame Termin darum abgesagt werden muss. Da die jungen Leute sich zeitlich nicht so gern festlegen – so ist ihre Erfahrung –, den beiden alten Damen aber ihre Familien alles bedeuten, fühlen sie sich in dieser neuen Freundschaft sehr frei. Beide begegnen einander in ihren Schwächen mit liebevoller Rücksicht. Und nun wird diese Freundschaft schwierig: Die inzwischen 97-

jährige Freundin ist zeitweilig verwirrt. Meine Mutter brauchte eine Zeit, um das zu erfassen. Aber diese »junge« Freundschaft hat Fundament. Als ich neulich mit ihnen Kaffee trank, prägte sich mir ein wunderschönes Bild ein: Meine Mutter neigte sich ihrer verwirrten Freundin zu. Sie streichelten einander lächelnd das Gesicht und machten sich gegenseitig Mut für den letzten Weg. Es war eine Sprache, die vielleicht nur die beiden verstanden, und ich empfand dieses Miterleben als etwas ganz Kostbares.

b) Schwesterliche Freundschaft

Helga war fünf Jahre alt, als ich geboren wurde. Kurz darauf erlebte sie, dass unser Vater im Krieg fiel. Damit nahm sie als die Älteste in unserer Geschwisterreihe eine verantwortliche Stellung ein. Bis zu ihrem 14. Lebensjahr verband uns beide viel miteinander. Jeden Abend erzählten wir uns vor dem Einschlafen Geschichten. Helga konnte wunderbar erzählen. Vor meinem geistigen Auge entstand ihre Zukunftswelt: wie sie einmal wohnen wollte, dass sie nur zwei Kinder haben wollte (wegen der besseren Fluchtmöglichkeiten – an jeder Hand ein Kind!) usw. Ich durfte auch manchmal erzählen: von dem Wunsch, dass unser Vater bei den Spätheimkehrern sein möge und wir eine richtige Familie würden. Auch konnte ich von meinen kriegsbedingten Albträumen berichten und bekam hilfreiche Ratschläge – eine ungleiche, aber erfüllende Freundschaft. Von einem Tag auf den anderen war das vorbei. Helga hatte keine Lust mehr zu diesen Erzählstunden. Ihre Gedanken konnte sie nicht mehr mit der fünf Jahre jüngeren Schwester teilen und zwischen uns entstand ein Graben – oft unüberbrückbar. Wir hatten zunehmend ein gespanntes Verhältnis, das noch durch Eifersuchtsgefühle verstärkt wurde. Und dann kamen wir uns im sechsten Lebensjahrzehnt wieder entgegen. Wir wollten unser »zerrissenes Band« neu verknoten. Wir gönnten uns zwei Tage im Hotel, fernab von den Familien. Dort suchten wir in intensiven Gesprächen die Enden unseres abgerissenen Bandes. Wir ließen uns viel Zeit und waren ganz füreinander da. Warum hatten wir das nicht früher getan? Eine wehmütige Frage. Wir frühstückten bis zum Mittag und ignorierten die verwunderten Blicke der Kellnerinnen. Wir hatten uns wiedergefunden – welch ein Erlebnis! Manches Missverständnis wurde aufgedeckt und viele Tränen über verlorene Jahre geweint. Das »Weißt du noch?« unserer gemeinsamen Kindheit half zu einem neuen Zugang. Wir entdeckten so viel Gutes und Liebenswertes aneinander und eine uralte Vertrautheit brach auf. Wir planten weitere Treffen und wollten auch unsere Familien mit einbeziehen. Eine neues Miteinander im Alter – darauf freuten wir uns und darauf hofften wir. Aber dann kam alles anders. Unsere schwesterliche Freundschaft konnten wir nur noch eine begrenzte Zeit erleben und sie wurde einer starken Prüfung ausgesetzt: Drei Jahre später mussten wir voneinander Abschied nehmen. Aber dieses besondere Freundschaftsband hielt und trug durch die schweren

Stunden. Wir konnten im Angesicht des Todes den Wert unserer Freundschaft erleben. Ich hatte mich viel mit dem Glauben beschäftigt und konnte meiner Schwester jetzt davon abgeben. Sie loszulassen in Gottes Hände und beide getröstet zu werden, war für mich etwas Besonderes in meinem Leben.

c) Unterhaltung zwischen zwei Freundinnen

Ida und Christa unterhalten sich darüber, warum es wohl Sinn macht, ein Buch über Freundschaft zu schreiben bzw. zu lesen:

I: Manche haben vergessen, über Freundschaft nachzudenken. Man spricht nicht über die Art des Miteinanders. Jeder hat so seine Erwartungen. Entweder werden sie erfüllt oder nicht und man ist enttäuscht. Ich glaube, dass es helfen würde, mehr über verschiedene Freundschaften zu erfahren, um die eigenen besser einordnen zu können.

Ch: Das erinnert mich an eine Klage, die ich gestern hörte. Zwei Frauen arbeiten zusammen in einer Gemeindegruppe. Und nun beklagt sich die eine, dass die andere auf ihr Drängen hin ihr direkt gesagt hat, dass sie gerne mit ihr zusammenarbeitet, aber eine engere Freundschaftsbeziehung nicht möchte. Sie ist entsetzt, wie diese Frau sich überhaupt mit ihr in einer Gruppe des gemeinsamen Dienstes treffen konnte und nicht ihre Freundin sein will. Sie ist zutiefst verletzt. Sie bekommt noch von anderen die Bestätigung, wie unmöglich dieses Verhalten sei. Aber ich glaube, da hat eine Frau versucht, ehrlich zu sein. Sie wollte nicht etwas vorheucheln, was nicht ist, und das als Beziehung stehen lassen, wozu man zusammen angetreten ist. Ich kenne Frauen, die unter diesem Freundschaftsanspruch, dem sie nicht genügen können, leiden und nicht wissen, wie sie sich verhalten sollen.

I.: Die Ehrlichkeit, die diese Frau gewagt hat, finde ich mutig, aber es ist gleichzeitig so verletzend für die andere. Diese ist noch nicht bereit, das anzunehmen, weil sie sich persönlich so angegriffen fühlt, denn sie hat ja wahrscheinlich schon angefangen zu klammern.

Ch: Könnte es nicht vielleicht sein, dass die andere ihren Selbstwert davon abhängig macht, ob sie als Freundin erwünscht ist oder nicht? Sie hört daraus, dass sie für eine Freundschaft nicht wertvoll genug sei.

I: Das ist wohl der Schlüssel für das Problem mit meiner Freundin. Sie sagte mir neulich aufbrausend: Du erwähnst so oft den Namen Karin. Gibt es denn noch eine andere Freundin? Dann bin ich ja doch nicht deine beste Freundin.

Ch: Welch ein Anspruch! Sie wäre vielleicht besänftigt, wenn du ihr sagen würdest, dass du keine beste Freundin hast und ihr Platz nicht von jemand anderem besetzt wird.

I: Aber dann müsste sie akzeptieren, dass sie

»nur« eine aus dem Freundeskreis ist und offensichtlich hatte sie ganz andere Vorstellungen als ich.

Ch: Das ist doch der Punkt. Dann ergäbe sich eine Chance, darüber zu sprechen. Du könntest doch auf sie zugehen und ganz ehrlich sagen: »Ich merke, dass es dir wehtut. Warum? Was bewegt dich dabei?« Möglicherweise ergäbe es ein tiefes Gespräch, das deiner Freundin zu heilsamen Erkenntnissen verhilft. Ihr könntet dann vielleicht darüber reden, woher wir unseren Wert beziehen: von Menschen oder von Gott.

I: Ich glaube, wer sich von Gott angenommen fühlt, der versucht nicht, diese Anerkennung von Freundinnen einzufordern und das an allem Möglichen festzumachen. Der fühlt sich auch frei von Anerkennungssucht und kann Freunden entspannter begegnen.

Ch: Weißt du, ich war über viele Jahre auch so, dass ich in Freundschaften meinen Wert gesucht habe, und darum kann ich deine Freundin so gut verstehen. Für dich ist es zwar eine ziemliche Belastung, aber es täte ihr bestimmt gut, wenn du ihr hilfst, aus dieser verkehrten Haltung herauszufinden. Es ist ein schmerzlicher Prozess zu erkennen, dass der andere mir nicht alles sein kann, und umgekehrt genauso. Dabei haben wir doch den aufrichtigen Wunsch, gut zu unseren Freunden zu sein. Heute rief mich eine ganz liebe Freundin an – ich hatte ihren bedrückenden Untersuchungstermin vergessen. Wie habe ich mich geschämt! Von Jugend an hatte ich mich nach wertvollen Freunden gesehnt und nun habe ich sie und was bin ich für eine Freundin?

I: Weißt du, was da zum Ausdruck kommt? Diese Unvollkommenheit des Menschen. Wir begegnen ihr auf Schritt und Tritt. Es gibt keine vollkommenen Freundschaften – obwohl es die Menschen suchen und sich immer wieder mit diesem Anspruch gegenseitig quälen.

Ch: Ich glaube, dass die, die von Jugend an das Dilemma des »Fünftes-Rad-am-Wagen-Sein« erfahren haben, schon früh etwas von dieser Unvollkommenheit spüren! Und andere kämpfen noch mit 85 Jahren mit diesem Anspruch!

I: Sieh mal, das finde ich nun ganz wichtig und hilfreich, darüber mit meiner Freundin – jetzt auch mit dir – zu sprechen. Wenn wir lernen, die Unvollkommenheit zu akzeptieren, dann können doch auch wir uns viel Kummer aneinander ersparen. Jede Freundschaft ist doch anders und man sollte sie definieren, damit man weiß, woran man ist. Es ist dann auch hilfreich beim Einordnen der Reaktionen. »Wie hast du das gemeint? Erkläre mir das bitte!«, sind liebevolle Anstöße. Man kann dann auch Gefühle besser verstehen. Wo man darüber schweigt, fehlt die Brücke zum Gegenüber. Das macht unsicher.

Ch: Wie wirst du nun mit der Freundin umgehen, die dir mit ihrer Anspruchshaltung –

bin ich etwa nicht deine beste Freundin? – so viel Mühe macht?

I: Ich möchte sie fragen, ob sie es akzeptieren kann, dass ich nicht so bin, wie sie es sich wünscht. Unsere Gemeinsamkeiten machen uns beiden viel Freude und verbinden uns. Ich möchte ihr helfen, dass sie erkennt, dass es ihre freiwillige Entscheidung ist, ob sie das weiterhin pflegen will oder ihrer Idealvorstellung nachlaufen will.

Ch: Denke daran, dass sie sich verletzt fühlt! Versuche, einen liebevollen Einstieg in dieses ehrliche Gespräch zu finden. Mache ihr und dir Mut über das Schöne, das euch verbindet, zu sprechen und dann erst – beide – über das, was euch stört. Wenn wir gute Freunde sein wollen, müssen wir auch das an dem anderen akzeptieren, was uns stört.

I: Sag mal, glaubst du, dass es eine beste Freundin überhaupt gibt? Ist dieser Anspruch meiner Freundin berechtigt?

Ch: Nein!

I: Das bedeutet doch klammern. Das wird so eng, da geht einem die Luft zum Atmen weg.

Ch: Das ist dieser ungesunde Besitzanspruch, der dich abstößt. Eine Freundin nur für mich.

I: Dadurch wird das Feuer einer Freundschaft gelöscht – sie erkaltet.

8. Die Kunst, eine Freundin zu sein

Nach meinen eigenen Beobachtungen und vielem Recherchieren ist mir aufgefallen, dass es sehr sinnvoll ist, darüber nachzudenken, was ich selbst in eine Freundschaft einbringen kann und wo meine Grenzen sind.

Ich möchte eine Freundin, aber bin ich freundschaftsfähig?

Worin besteht nun die Kunst, einander eine gute Freundin zu sein?

Der Künstler braucht für sein Werk bestimmte Fertigkeiten. Auch in der Kunst der Freundschaftspflege brauchen wir gewisse Fertigkeiten. Ganz bestimmte Eigenschaften fördern Beziehungen. Sie zu erkennen und zu pflegen, ist die Kunst, eine gute Freundin zu sein oder zu werden.

Jesus hat den Menschen eine goldene Regel für das Miteinander gegeben, von der sich alle anderen ableiten lassen:

Behandelt die Menschen so, wie ihr selbst von ihnen behandelt werden wollt. (Matthäus 7,12)

Wir möchten alle gern Freude erleben und doch gibt es so viele Miesmacher unter uns. Kaum, dass wir einander etwas Schönes erzählen, kommt die Miesmacherin mit ihrem »Aber«.

Alle sehnen wir uns nach Anerkennung und doch werden in Gesprächen oft die liebsten Freundinnen abgewertet. Warum tun wir das? Meinen wir, dass wir dann besser dastehen?

Wie oft erlebe ich in meinen Seelsorgegesprächen, dass man sich danach sehnt, dass die Freundin vergibt. Und gleichzeitig wird gestanden, dass das eigene Vergeben niemals möglich sei.

Bedenke: Behandle deine Freundin so, wie du selbst von ihr behandelt werden willst. Diese göttliche Regel haben sich die Verhaltensforscher für die Therapie nützlich gemacht: Veränderung beginnt immer bei einem selbst. Es geht mir deshalb nicht um die Kunst, Freunde zu finden, sondern darum, eine gute Freundin zu werden und zu sein! Aber nicht nur wir enttäuschen unsere Freundinnen, sondern wir werden auch von den Veränderungen der Freundin enttäuscht. Sind wir dann bereit auszuhalten, abzuwarten und für die Freundin zu hoffen? Da Freundschaften auch Freiräume zur Entfaltung brauchen, müssen wir lernen, einander in Liebe loszulassen und nicht zu klammern. Freundschaft kann man nicht erzwingen.

Aus der Bibel kann ich immer wieder praktische Lebensweisheiten ziehen – solche, die funktionieren!

Jesus sprach: *Du sollst lieben Gott, deinen Herrn …* und *Du sollst deinen Nächsten lieben wie dich selbst.* (Matthäus 22,36.39)

Wenn ich über mich selbst nachgedacht habe und mich diesem Doppelgebot der Liebe neu geöffnet habe, dann bin ich gut vorbereitet für Freundschaften.

9. Zusammenfassung: Was tut uns und unseren Freundinnen gut?

Zwei Grundregeln fürs Leben

1. Eine Mitte finden, in der ich ruhen kann (»Gott lieben und den Nächsten wie dich selbst«).

2. Behandelt die Menschen so, wie ihr selbst behandelt werden wollt.

Lebensregeln, die mir in Freundschaften helfen können

1. Wer eine Freundin ohne Fehler haben will, wird nie eine Freundin finden. Darum: Nimm sie an wie dich selbst.

2. Entdecke das Besondere an der anderen – auch sie ist Gottes Geschöpf.

3. Vergiss nicht, die Freundin zu loben und zu ermutigen!

4. Lass dir Zeit für deine Freundin und höre interessiert zu.

5. Tue ihr Gutes, ohne eine Gegenleistung zu erwarten.

6. Die Krönung jeder Freundschaft ist die Bereitschaft zur Vergebung. Übe dich in der verzeihenden Nächstenliebe.

7. Werte die Freundin nicht ab, um selbst besser zu erscheinen.

8. Baue Brücken der Liebe und trampele nicht auf den Schwächen der Freundin herum.

9. Prüfe die Art der Freundschaft. Erwarte ich etwas, das die andere nicht geben kann?

10. Lass dir Weisheit schenken, wann eine Freundschaftszeit beendet ist. (Alles hat seine Zeit.)

11. Erlaube deiner Freundin, dass sie auch Grenzen zu dir ziehen darf!

Freundschaften sind ein lebenslanger Weg der Nächstenliebe. Sie bedeuten Glück und Zufriedenheit. Sie erweitern unseren Horizont durch die Vielfalt der Begegnungen. Freunde bereichern unser Leben, weil wir mit ihnen das leben können, wozu wir geschaffen wurden als Gemeinschaftswesen.

Wenn Sie nun nachdenklich und vielleicht mit guten Vorsätzen wieder in den Alltag gehen, dann denken Sie bitte daran: Veränderung beginnt immer bei uns selbst.